NOTICE

SUR LES

MINERAIS ET USINES

DES

Chalanches d'Allemont et du Grand-Clos

AU POINT DE VUE DE L'IMPORTANCE INDUSTRIELLE

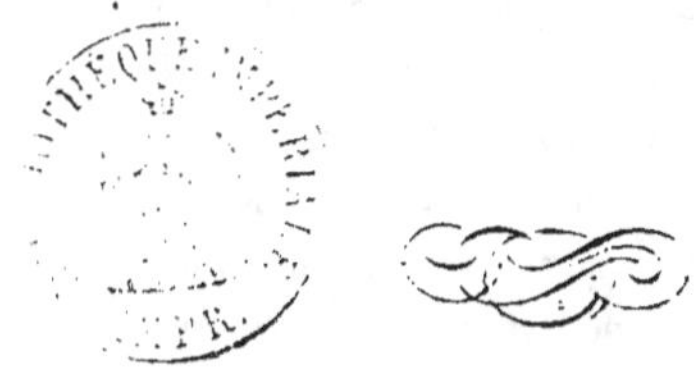

LYON

CHANOINE, IMPRIMEUR, PLACE DE LA CHARITÉ, 10-18

1853

NOTICE

SUR LES

MINERAIS ET USINES

DES

Chalanches d'Allemont et du Grand-Clos

AU POINT DE VUE DE L'IMPORTANCE INDUSTRIELLE.

§ I. — MINES DES CHALANCHES D'ALLEMONT.

La richesse publique et l'industrie doivent aux pénibles explorations de la science la découverte de la plupart des gisements métallurgiques; la France doit au hasard celle de ses mines les plus riches en métaux rares et variés, les *Chalanches*.

Origine ou découverte des mines des Chalanches. — Cette mine fut découverte en 1768 par des paysans, qui trouvèrent un morceau d'argent natif (1) au sommet escarpé de l'une des montagnes rocheuses qui encaissent la petite plaine de l'Oisans, dans le département de l'Isère, et à une hauteur de plus de 1,000 mètres.

L'attention des hommes de science une fois éveillée sur ce fait révélateur, le gouvernement ne tarda pas à prescrire des explorations, qui eurent pour résultat la constatation de filons de riches minerais d'argent; le gouvernement en ordonna l'exploitation.

Usine d'Allemont. — Ce fut alors, et à grands frais, que fut construite l'usine d'Allemont, qui existe encore aujourd'hui dans son entier.

---

(1) Lettre de M. Schreiber, directeur des mines d'Allemont, lue à l'Académie des sciences le 26 avril 1784, et approuvée le 1ᵉʳ mai suivant.

Cette usine, édifiée au bas du village de ce nom, à 45 kilomètres de Grenoble, à l'une des extrémités de la plaine de l'Oisans, sur les bords de la petite rivière de l'Eau-Dolle, dans un site gracieusement pittoresque, n'avait, lors de sa construction, qu'un accès difficile par des routes impraticables pendant plusieurs mois de l'année ; aujourd'hui, la belle route de Grenoble en Italie, par le Mont-Genève et Briançon, lui ouvre des communications faciles. Des roulages, des services de diligences passent quotidiennement à sa porte.

Les constructions importantes de cet établissement consistent en un vaste bâtiment dans lequel sont établis tous les fourneaux utiles au traitement des minerais par la fusion, tels que fourneaux à manche, fourneaux de coupellation, de verrier, etc.

Derrière cette usine, adossées à la montagne, d'autres constructions renferment un bocard molleton pour la pulvérisation des minerais, et une soufflerie pour les fourneaux, mus par une roue hydraulique mise en mouvement, sans frais, par un cours d'eau qui tombe en cascade de la montagne.

Au devant de l'usine, séparés par une vaste cour, deux bâtiments réguliers, formant pavillon, peuvent servir d'habitation à un nombreux personnel.

Des bâtiments de desserte à tous usages, des ateliers de forge et de menuiserie, des jardins, un pourtour, telle était et telle est encore aujourd'hui l'ancienne usine d'Allemont, à laquelle les propriétaires actuels ont fait tout récemment ajouter un vaste bâtiment ou usine pour le traitement des mattes métalliques par la voie humide.

Tous ces bâtiments sont couverts en ardoises, et tenus en bon état.

Les mines des Chalanches sont exploitées sur la montagne de ce nom, à une élévation de plus de 1,000 mètres au-dessus de l'usine, avec laquelle elles sont mises en communication par des chemins accessibles à dos de mulet.

En 1776, par lettres-patentes du 10 juin, Louis XVI fit concession de ces mines et des usines édifiées pour leur exploitation, au comte de Provence, son frère, plus tard Louis XVIII, qui les a fructueusement exploitées jusqu'en 1792.

Pendant ce long intervalle, les travaux et l'exploitation furent dirigés par M. Schreiber, ingénieur d'origine saxonne, qui s'est acquis un nom célèbre dans la science métallurgique.

On avait naturellement commencé les travaux là où les premières explorations avaient fait reconnaître des filons apparents, la géologie n'était point encore venue eu aide à la métallurgie, M. Schreiber les continua ; il avait à fouiller un terrain neuf et tourmenté, il devait marcher au hasard, aussi les travaux qu'il a fait opérer sont incroyables ; plus de cinq cents galeries criblent les flancs de cette montagne qu'il a disséquée dans le riche étage géologique sur lequel il a concentré ses travaux.

C'est avec la direction de M. Schreiber que cesse l'historique intéressant de la vie de cet établissement ; si de cette date reculée nous la suivons jusqu'à notre époque, nous verrons successivement :

Le gouvernement républicain refuser les fonds nécessaires pour la continuation des travaux, et les ouvriers mineurs les abandonner faute de paiement ;

Les sociétés qui ont exploité après M. Schreiber.

Puis une Compagnie concessionnaire des mines des Hautes-Alpes et de l'Isère, qui se forme avec un capital évidemment insuffisant pour une aussi vaste entreprise, n'en réaliser qu'une partie, qu'elle dépense en établissements élevés à grands frais partout où elle rencontre des gisements qui lui paraissent mériter une exploitation, et qui finit par tout abandonner avant même d'avoir pu rien exploiter ;

Puis une autre Société, qui lui succède, et dont, plus tard, les associés eux-mêmes provoquent et obtiennent la dissolution par jugement motivé sur l'incapacité du directeur-sociétaire (1).

Nous pouvons citer, à l'appui de ces faits, l'opinion écrite des ingénieurs eux-mêmes pour la première, et le jugement du Tribunal de Grenoble pour la seconde (2).

Opinion de M. Gueymard sur ces exploitations.

Voici, au surplus, ce que M. Gueymard, homme de science incontestée, qui, pendant trente-cinq ans, ingénieur en chef du département de l'Isère, a suivi les phases de cette exploitation avec d'autant plus d'intérêt qu'il avait concouru pendant vingt ans à la prospérité de l'exploitation par M. Schreiber, dit à ce sujet, dans un document que nous avons sous les yeux : « Depuis qu'a fini l'exploitation « par M. Schreiber, les Compagnies qui ont possédé les Chalanches, manquant de

---

(1) Jugement du Tribunal de commerce de l'arrondissement de Grenoble, du 30 octobre 1846, sur la sentence arbitrale du 28 octobre des experts nommés par ledit Tribunal les 14 août et 23 octobre.

(2) Jugement du Tribunal civil de l'arrondissement de Grenoble, du 8 février 1844, qui annule les ventes faites en faveur des précédentes Sociétés, et adjuge les mines et usines des Chalanches d'Allemont et du Grand-Clos à MM. Jangot et Cie.

« capitaux et d'intelligence, ont fui les ingénieurs pour se livrer à des intrigants « possesseurs de recettes secrètes; elles ont rivalisé d'absurdité, et le public rend « ces précieuses mines comptables des bévues de leurs exploitants. »

Il est de fait que le public, en souvenir de leur prospérité sous M. Schreiber, et en présence des résultats insignifiants obtenus depuis, sans intérêt d'étudier les causes, admet que les mines des Chalanches ne contiennent plus de minerais précieux, et qu'elles sont épuisées.

C'est sous ce double point de vue qu'il importe de les examiner et de les apprécier.

Que contiennent les mines des Chalanches ?

Tous les savants de l'Europe les ont visitées, tous les cabinets en conservent des échantillons, tous les ouvrages de minéralogie et de métallurgie en font mention.

MM. Héricart de Thury et Gueymard sont les savants de notre époque qui en ont fait l'étude la plus longue et la plus approfondie (1); nous pourrions avoir recours à leurs ouvrages pour traiter la question de richesse et de science; mais, fidèle à notre programme de resserrer cette notice dans le cadre d'une appréciation industrielle, nous dirons que les Chalanches contiennent d'abondants et riches minerais d'argent, de cobalt, de nickel et d'antimoine.

Nous le dirons, et, pour démontrer cette vérité, nous n'avancerons rien, nous nous bornerons à citer des faits, des opinions qui font autorité, et à en déduire des conséquences rigoureusement logiques.

Elles contiennent d'abondants minerais en argent.

Pendant le cours de l'exploitation de M. Schreiber, on a trouvé, dans les galeries dites de Cromot, un bloc d'argent pur et natif pesant 36,000 fr.; il est resté jusqu'à la révolution, comme curiosité, dans le cabinet du comte de Provence. Quelques-uns des ouvriers mineurs qui l'ont descendu triomphalement des Chalanches à Grenoble existent encore au village d'Allemont.

M. Gras, ingénieur en chef des mines du département, possède, dans son cabinet, des échantillons d'argent natif en rameaux et des minerais contenant plus de 30 p. 100 d'argent; ces échantillons proviennent des galeries La Combe et d'Hélène. Ils lui ont été remis il y a peu d'années.

---

(1) Journal des Mines, Mémoires et Notices sur les mines des Chalanches d'Allemont et de l'Oisans, département de l'Isère.

Un autre échantillon, pris au hasard sur le tas de minerai, et tout récemment remis à M. Pelouze, avec prière de l'analyser, lui a donné 8 p. 100 d'argent ! Cet échantillon vient de l'un des filons actuellement exploités.

M. Gras, aussi, qui a bien voulu donner des soins d'analyse aux produits de l'extraction actuelle, a trouvé et constaté que les minerais bocardés de la galerie d'Hercule, dont 2,000 kil. environ, cotés *minerais pauvres*, existent aujourd'hui à l'usine, contiennent de l'argent en valeur de 53 fr. pour 100 kilos.

Mais irrécusables et concluantes sur ce point sont, 1° la déclaration faite en 1784, dans un savant rapport à l'Académie par M. Schreiber, qui, pendant son exploitation, en a retiré près de 3 millions en lingots d'argent, c'est à savoir *que la richesse moyenne en argent du minerai qu'il a traité pendant vingt ans à l'usine d'Allemont, a été de 75 grammes par myriagramme*, 750 grammes par 100 kilos, plus de 150 fr.; rendement élevé qui, à lui seul, doit constituer une véritable richesse pour une exploitation habile dans les conditions favorables dont nous allons parler tout à l'heure; 2° la belle collection minéralogique du Musée de Grenoble, dans laquelle M. Schreiber a déposé une nombreuse série de riches échantillons des minerais des Chalanches.

Le cobalt et le nickel.
L'argent n'est pas le seul métal précieux que contiennent les mines des Chalanches ; ses minerais renferment presque tous et dans des proportions variées le cobalt et le nickel.

Ce sont les seules mines de France, aujourd'hui ouvertes, qui présentent la réunion de ces deux métaux en quantité exploitable avec avantage ; l'Angleterre n'en a que de faibles gîtes, et tire à grands frais, pour les traiter, des minerais de Hesse, de Saxe, de Suède, du Hartz, de Bohême, de Hongrie, de Styrie, de Norwége, d'Espagne, de Chine, du Chili, etc.

Le tribut que la France paie à l'étranger pour en retirer ces métaux, alors qu'elle les laisse enfouis dans son sol, constitueraient une grande richesse pour l'exploitation habile qui saurait les produire.

L'oxyde de cobalt vaut dans le commerce de 70 à 80 fr. le kil. (1), et l'industrie en emploie aujourd'hui une grande quantité sous mille formes et pour mille besoins ; au nombre de ces emplois et comme le plus connu, nous citerons la coloration en

(1) Le cobalt se vend de 70 à 80, 100 et même jusqu'à 140 fr., suivant son degré de pureté, et on ne le porte ici que de 70 à 80 fr.

bleu des émaux, des cristaux et des porcelaines : on n'obtient cette belle coloration dans les vitrifications qu'avec l'oxyde de ce métal.

Le nickel vaut 20 fr. et plus le kilo, et chaque jour l'emploi en augmente ; il sert de base à toutes ces compositions métalliques qui remplacent l'argenterie dans l'usage des classes moyennes de la société ; au nombre de ces compositions, le maillechort a pris le premier rang (1).

La présence et l'abondance de ces métaux dans les minerais des Chalanches n'est pas une découverte nouvelle.

Les lettres-patentes du 10 juin 1776 les concèdent au comte de Provence, comme mines d'argent, de cobalt et de nickel.

M. Schreiber a laissé, non-seulement des plans minutieusement exacts de ses travaux souterrains, mais encore des notes, états et mentions de la nature et de la qualité des minerais qu'il rencontrait dans ces fouilles ; il signale souvent, en les traversant, la présence de filons qu'ils n'exploitait pas, parce qu'ils ne renfermaient pas la teneur en argent qu'il admettait seule dans ses fusions.

Inutile, du reste, de chercher à prouver la présence de ces métaux qui est reconnue par tous et n'est contestée par personne ; reste seulement la question quantitative, sur laquelle l'expérience ne s'est pas expliquée.

Or, les minerais des Chalanches sont cobaltiques et nickelifères, mais dans quelle proportion ?

M. Schreiber signale et indique plus de cinquante filons dans lesquels il les rencontre plus ou moins abondants, il se plaint même de cette abondance dans certaines pages du journal de ses travaux quotidiens, parce qu'il parait que la présence de ces métaux, qu'il ne recueillait pas, nuisait à la marche de ses fourneaux de fusion.

Des échantillons pris sans choix par M. Gueymard lui-même à l'usine et dans les tas de minerais descendus de l'extraction actuelle, et par lui-même aussi analysés, ont donné un rendement de 9 k. 40 p. 100 kilos.

M. Poinsot, chimiste préparateur à l'école des Arts-et-Métiers, avait précédem-

---

(1) A son plus grand degré de pureté, à 0,96, 0,97 et 0,98 p. 100, le nickel est très-rare et coté chez les essayeurs et affineurs, au même taux que les métaux les plus précieux ; mais il est généralement dans le commerce à 15, 18, 20, 25 et 30 fr. suivant sa pureté, et nous ne le porterons en moyenne qu'au prix de 20 fr.

ment opéré sur des produits de cette même extraction plus riches encore ; il a constaté une proportion de 14 p. 100.

Mais quelque foi que l'on apporte dans les opérations consciencieuses et savantes de M. Gueymard, quelque confiance que l'on doive avoir dans celles de M. Poinsot, l'expérience a enregistré trop de déceptions préparées par la science et les travaux de laboratoire, aux exploitations en grand de l'industrie, pour qu'on puisse promettre de semblables résultats. Trop de richesses en seraient la conséquence.

Ici vient tout naturellement se placer une question qu'il faut en son lieu aborder et résoudre.

Pourquoi M. Schreiber n'a-t-il pas exploité ces métaux ?

Comment se fait-il que M. Schreiber, qui s'est à tant de titres acquis une honorable réputation comme administrateur, comme homme de science et de pratique, maniant tous les jours une semblable richesse, l'ait négligée et l'ait laissée stérile ?

A cette question, la tradition populaire dans le pays répond : que M. Schreiber était Saxon ; que les lois de son pays punissaient de mort celui qui, au préjudice de la Saxe, jouissant alors du monopole de cette production, aurait exporté l'art ou le secret de son traitement.

Cette réponse peu satisfaisante laisse dans l'esprit des hommes judicieux subsister un doute, celui de la présence réelle de ces métaux dans une notable proportion.

Les hommes plus éclairés, les contemporains des travaux de Schreiber, donnent à ce fait une explication plus digne de son mérite et de son caractère, en même temps qu'elle dissipe le doute dont nous venons de parler.

Au temps de l'exploitation des Chalanches par M. Schreiber, les arts n'employaient qu'une très-petite quantité d'oxyde de cobalt parfaitement pur, et la Saxe, tout en en fournissant peu, à des prix très-modérés, suffisait et au delà aux besoins de l'Europe. Une rivalité eût été peu lucrative.

Quant au nickel, les arts le connaissaient, mais ne l'employaient pas, si ce n'est en oxyde et pour la coloration en vert des émaux. Son traitement eût été d'un trop mince produit.

Si de semblables raisons semblent justifier pleinement M. Schreiber d'avoir négligé de rendre productive cette source de richesse qu'il avait sous la main et qu'il connaissait fort bien, il est une autre raison qui paraît ignorée, et qui vient augmenter sa réputation d'administrateur consciencieux des intérêts qui lui étaient confiés.

Les lettres-patentes du 10 juin 1776 concédaient les mines des Chalanches au comte de Provence, *mais à la charge par lui de remettre gratis à la manufacture de Sèvres tout le cobalt et tout le nickel qu'il extrairait et traiterait.*

M. de Cromot, intendant du prince, refusait à M. Schreiber, qui s'en plaint dans ses notes et correspondances conservées, l'autorisation de dépenses en vue d'un produit; il demeure donc par ce fait seul suffisamment expliqué pourquoi le directeur de l'usine d'Allemont ne se livrait pas à un traitement qui eût exigé des soins et des frais sans profit. Aussi les mattes de fusion d'argent, sans considération pour leur valeur, étaient-elles conduites aux décharges et servaient à des remblais ou à former des digues aujourd'hui encore existantes.

Cette dernière cause venant à cesser, celle de l'emploi trop minime du cobalt dans les arts, et plus encore du nickel, continua longtemps et empêcha les possesseurs de ces mines de songer à l'exploitation de ces deux métaux.

Produits en cobalt. Il y a quelques années seulement, et vers 1837, qu'un ingénieur des précédents propriétaires, alors que l'état de leurs affaires ne leur permettait plus de continuer ou plutôt de commencer une exploitation, trouva, aux abords de la fonderie, un débris de matte de fusion de l'exploitation de M. Schreiber; son attention fut éveillée par sa richesse en cobalt et en nickel, qui alors étaient recherchés dans les arts, il fit bouleverser les cours, fouiller aux environs de la fonderie, et vendit, comme débris sans valeur, pour plus de 75,000 fr. de ces mêmes mattes enfouies, à des Allemands qui les achetèrent et les emmenèrent pour les traiter.

Ce fait est de notoriété publique dans le pays, et il nous semble assez caractéristique pour servir de complément de preuve de la présence notable de ces deux métaux, dans les minerais dont nous nous occupons.

Nous ajouterons seulement que ce fut cette circonstance qui détermina les propriétaires actuels à acquérir ces mines pour se livrer à des préparations cobaltiques et nickelifères, que l'impéritie authentiquement constatée du précédent directeur a fait échouer cette entreprise, et que 5 à 6,000 kilos de mattes de ces produits attendent à l'usine qu'une main plus habile vienne faire sortir utilement les valeurs importantes qu'elles contiennent.

Le champ d'exploitation actuel. Le champ d'exploitation dans lequel M. Schreiber a fouillé pendant vingt ans peut bien contenir encore quelques minerais comme ceux dont nous venons de parler, mais cependant, dit-on, qui peut faire espérer de nouveaux succès à de nouveaux travaux, et, en un mot, la mine ne serait-elle pas peut-être épuisée?

En vérité, ce doute, comme tous autres, peut bien être soulevé; mais ce ne sera pas par un homme de quelque valeur scientifique qui aura vu par lui même, et ce serait véritablement une hérésie géologique.

Nous avons dit que tous les savants de l'Europe étaient venus visiter cette intéressante montagne, et pas un n'a songé à émettre cette pensée, tous ont dit ou écrit le contraire.

Les deux autorités les plus compétentes par leur science et l'étude approfondie qu'ils ont faite de cette montagne et de celles qui l'environnent dans l'Oisans, pour prononcer sur cette question, si elle était posée, sont sans contredit MM. Héricart de Thury et Gueymard (1), et ce qu'ils ont dit et écrit à ce sujet ne permet pas de supposer que cette pensée de l'épuisement des filons métalliques leur soit jamais venue.

Ces gisements métalliques, écrit M. Gueymard, proviennent de cinq soufflements successifs qui se traduisent dans le champ d'exploitation par cinq régions ou étages bien distincts.

Or, ces soufflements partant de la base, comment admettre l'épuisement de la mine des Chalanches par une exploitation sur le plan horizontal d'un seul de ces étages à plus de 1,000 mètres d'élévation.

M. Schreiber, ayant poursuivi ses filons d'argent pendant vingt ans sur ce même plan, aurait bien pu dire, *et encore il ne l'a jamais dit*, qu'au point de vue de son exploitation exclusive, son champ était peut-être épuisé.

Son champ, oui; mais encore est-ce à douter, car plusieurs faits révélés depuis feraient penser le contraire; et pour la mine, non, personne ne le pensait moins que lui, ses écrits et ses faits le disent et le démontrent.

Ainsi, dans un rapport en date du 13 ventôse an IX, il dit : « Je suis loin de
« penser que la montagne des Chalanches, où se trouve cette mine d'argent, *soit*
« *épuisée*, je soutiens, au contraire, qu'en reprenant les travaux de recherche avec
« activité, on *découvrira de nouveaux filons aussi riches que ceux qu'on a exploi-*
« *tés précédemment.* »

D'un nouveau champ d'exploitation

Au-dessous de ce même champ d'exploitation et à ses deux extrémités, M. Schreiber avait fait commencer lui-même deux galeries, auxquelles il a donné les noms de galerie de l'*Espérance*, et galerie Cromot (nom de l'intendant du prince); ces

---

(1) Voir leurs Mémoires et Notices déjà cités, Journal des Mines.

deux galeries devaient tendre à se rejoindre en reprenant l'exploitation de tous les filons dont il avait en dessus reconnu la richesse, bien loin de lui était donc *la pensée d'épuisement des filons*, que, dans le fait, rien ne saurait justifier et faire admettre.

Tous les ingénieurs qui ont étudié la question ont conseillé des travaux immédiats et actifs pour la recherche et l'exploitation des filons des étages inférieurs, qui, suivant eux, promettent plus de richesses que ceux du plan supérieur.

Cette opinion, d'accord avec les observations que M. Amédée Burat a publiées sur les gisements métallifères, trouve sa démonstration dans l'exploitation des mines d'Oulles, qui ne sont séparées de celles des Chalanches que par une étroite et profonde vallée, et dont les filons, attaqués au sommet comme ceux des Chalanches, augmentent de richesse à mesure qu'on les exploite en plongeant.

Il importe encore de relater ici un fait qui a une grande portée relativement à l'exploitation des Chalanches, c'est que, par suite de ses soulèvements successifs et sa dislocation, cette montagne est généralement attaquable, sans nécessiter un fréquent emploi de la poudre, que les travaux peuvent être avancés en peu de temps, que les boisages y sont en moyenne peu obligatoires, l'aérage complet, naturel, et que, à aucune époque, les travaux n'ont été entravés par les eaux.

La galerie de l'Espérance a déjà 135 mètres de percement opéré, 60 restent encore à faire pour atteindre en dessous les filons exploités en dessus, à l'une des extrémités, et par un travail qui ne demande pas plus de cinq mois, le nouveau champ sera ouvert de ce côté; de l'autre, la galerie Cromot n'est plus séparée du filon du même nom que par un ou deux mètres de rocher, et, à cette faible distance, elle ouvrira le nouveau champ en abordant les filons du même nom dont la richesse en argent, du reste constatée par M. Scheiber, est restée proverbiale dans le pays : c'est dans un de ces filons que se trouva la masse ou le bloc d'argent natif dont nous avons déjà parlé.

§ II. — MINES DU GRAND-CLOS.

Maintenant quelques mots sur les Mines et Usine du Grand-Clos.

Quelques mots seulement, disons-nous, parce qu'ici, au point de vue industriel, tout est appréciable à l'œil et sans le secours de la science.

Une administration sage, des soins, de la vigilance suffiront pour produire en raison de ces soins, de cette vigilance : la nature ne refusera pas les moyens.

Les mines du Grand-Clos sont situées dans le département des Hautes-Alpes, à 4 kilomètres de la Grave et à 35 environ de l'usine d'Allemont, dans une vallée ou gorge étroite, qui ne laisse place qu'à la rivière torrentielle de la Romanche, à la route nationale de Grenoble à Briançon, et à l'usine.

Usine du Grand-Clos. — Cette usine est importante, les constructions en sont dues à une Compagnie qui a épuisé ses ressources en des dépenses de l'espèce sur divers autres points des Alpes.

Elle contient les appareils de trois systèmes de préparation des produits.

Le plus ancien, aujourd'hui de peu de valeur, sont des caissons dits allemands, pour le lavage des schlichs ou minerais pulvérisés.

Le second, le plus important sous le rapport de la dépense qu'il a occasionnée, est une forte machine à engrenages et cylindres de fer et fonte, pour broyer les minerais et les laver.

Le troisième, celui qui est préféré et sert à l'exploitation actuelle, est un système de bocard et tables dites à secousses pour le lavage; c'est le plus moderne, qui est en usage dans tous les établissements analogues.

Sur une partie de l'usine des chambres habitables.

Un bâtiment, dit cantine, pour le logement des mineurs et des ouvriers.

Des magasins, forge, écurie, etc.; enfin tout ce qui peut être utile pour une grande exploitation.

Toutes les machines sont mises en mouvement par des roues hydrauliques.

On pourrait y manipuler 1,500 à 2,000 kil. par jour de minerais.

Des filons et de leur puissance. — De puissants filons traversent le vallon, et, visibles à la surface des rochers, ils s'y montrent aux deux côtés opposés à l'usine, de la base au sommet des deux montagnes à pic, de Pichenoire et Fecheronde.

C'est dans les anfractuosités de leurs rochers et à différentes hauteurs que les filons sont entamés par les mineurs.

Les minerais sont une galène de plomb parfois complétement pure, ou mélangée de quartz que le lavage a pour objet d'émonder.

Nulle crainte d'épuiser les filons : la moindre inspection suffit pour le démontrer.

Les galènes sont de deux espèces très-distinctes : les unes à petites facettes ou à grains d'acier, et les autres à larges facettes. Les premières sont argentifères.

De l'exploitation. — Dans ces dernières années, les propriétaires actuels faisaient exploiter de la manière suivante :

Des ouvriers, habitants du voisinage, prenaient à prix faits l'exploitation des filons par galeries ; ils recevaient pour prix, de 15 à 20 fr. pour cent kilos de schlichs.

Ce prix de revient était augmenté de quelques frais, qui devenaient d'autant plus sensibles que la production était moins importante.

Les produits étaient livrés pour les vernis de poterie de terre, et la consommation les payait de 34 à 38 fr. les cent kilos.

La production de cette exploitation se bornait à soixante mille kilos environ : elle pourrait beaucoup augmenter.

Les travaux étaient loin d'être irréprochables ; les mineurs inhabiles travaillaient sans unité de direction, gaspillaient les richesses naturelles, et produisaient moins sans économie de temps et avec augmentation de dépense ; il est certain qu'une bonne direction et un autre système d'exploitation, celui par gradins renversés, par exemple, produirait plus, aménagerait mieux et diminuerait le prix de revient.

Pour cela il faudrait se soumettre aux frais, peu importants, du reste, de quelques travaux préparatoires.

D'habiles ingénieurs, MM. Gueymard et Gras, entre autres, ont conseillé aux propriétaires de faire cesser cette exploitation jusqu'à la reprise des travaux de fusion des minerais d'Allemont, et ce conseil a été suivi.

Il était particulièrement motivé sur ce que la fusion des minerais des Chalanches, pour en obtenir l'argent, exige un mélange de minerai de plomb.

Que les galènes à petites facettes du Grand-Clos, qui contiennent un peu d'argent, portent avec elles un fondant précieux pour faciliter ces fusions, et sont en même temps les moins propres à l'usage qu'on leur donnait : les vernis de poterie.

Que, par ces deux exploitations simultanées, on réserverait pour le commerce qui les recherche, les galènes à larges facettes, et celles à petites facettes seraient doublement utilisées dans les fusions.

Faisons observer ici que ces mines du Grand-Clos ont, pour la prospérité et le succès de la Fonderie d'Allemont, une valeur relative de la plus haute importance.

Les minerais de plomb sont indispensables pour les fusions d'argent ; M. Schreiber faisait venir à grands frais et par des chemins alors impraticables, les galènes qu'il employait, de la mine du Pesay, exploitation située dans l'ancien département du Mont-Blanc, distant de dix-neuf myriamètres de la fonderie d'Allemont, tandis que la mine du Grand-Clos n'en est éloignée que de trente-cinq kilomètres. et y communique aujourd'hui par une magnifique route bien servie pour tous genres de transports.

OBSERVATIONS.

Concessionnaires propriétaires actuels.

MM. Jangot et Compagnie, en vertu du jugement d'adjudication des mines des Chalanches du 8 février 1844, rendu par le tribunal civil de Grenoble, se sont pourvus le 13 septembre 1845, en demande de reconnaissance comme concessionnaires desdites mines et en réduction de la surface de l'ancienne concession.

Sur l'avis du Conseil d'État, ils ont obtenu le 19 juillet 1847, par ordonnance royale rendue au palais de Saint-Cloud, une nouvelle concession des mines des Chalanches d'Allemont, conformément à leur demande.

C'est en vertu de ces actes, titres et jugements que M. Jangot et Comp^e. aujourd'hui propriétaires et concessionnaires de ces mines, en proposent la remise en activité.

Ce qu'on peut espérer d'une exploitation bien conduite.

Si les minerais de ces mines, comme on l'a vu ci-dessus, contiennent, dans de notables proportions, l'argent, le cobalt et le nickel, et sans même laisser espérer à une exploitation en grand, un rendement même rapproché de celui des essais que nous avons mentionnés ;

Si M. Schreiber, luttant contre l'inconnu, n'exploitant alors et par ordre supérieur que l'argent (qui peut ne devenir aujourd'hui que la partie secondaire du produit), faisant supporter à la partie productive les frais d'exploitation de la partie qu'il laissait improductive, obligé de faire venir à grands frais, de plus de vingt lieues, à travers toutes les difficultés du transport, ses galènes de plomb des mines du Pesay, si, malgré ce concours de circonstances défavorables et dispendieuses, M. Schreiber a dirigé pendant vingt ans, à Allemont, une exploitation lucrative ;

Si, guidé par les plans de M. Schreiber, par les états de ses travaux, qui, jour par jour, signalent leurs lieux, leurs valeurs, leur inclinaison, leur puissance, un homme habile reprend en dessous l'exploitation des filons ;

Si, comme le dit M. Gueymard et les autres savants qui en ont traité, les gisements des Chalanches proviennent des soulèvements et des soufflements qui divisent les minerais par étages ou régions, et qu'on puisse aller droit, sans tâtonnement, reprendre en dessous avec les documents laissés par M. Schreiber pour boussole, les riches filons qu'il exploitait en dessus;

Si l'exploitation, placée dans des conditions plus favorables sous l'inappréciable avantage des communications, profite de tout ce que la science et l'art ont apporté en aide à l'industrie métallurgique depuis M. Schreiber,

Ce qu'on a. — Nul doute qu'on peut promettre les plus brillants résultats aux hommes intelligents qui apporteraient dans cette exploitation, la sagesse de direction, la science et les capitaux nécessaires. Le plus vaste champ est ouvert à l'espérance : la prudence seule entrave la conviction et nous empêche d'en étendre les bornes :

Cependant, dans cette entreprise, tout n'est pas laissé aux séductions de l'espérance : l'exploitation des mines d'Allemont et celle des mines du Grand-Clos ont une valeur actuelle réelle et consistante.

M. Schreiber, en préparant son nouveau champ d'exploitation par les galeries commencées de Cromot et de l'Espérance, développait en même temps qu'il prévoyait, et son ancien plan n'est point épuisé.

Produits de l'exploitation des mines des Chalanches et du Grand-Clos. — Passant à l'appréciation des produits, nous l'établissons pour donner à nos chiffres la garantie de l'expérience, en nous basant sur le mode d'exploitation de M. Schreiber.

M. Schreiber employait dans ses travaux 60 ouvriers ou mineurs. Avec le développement des travaux des galeries de l'Espérance et de Cromot, on pourra en employer 80; ce nombre pourrait être doublé par l'ouverture des champs d'exploitation indiqués par les ingénieurs et par M. Schreiber lui-même; mais ne prenons pour base d'opération que le produit du travail de 80 mineurs, voici les résultats qu'on obtiendra :

Produit d'une année. — L'expérience constate qu'un mineur, employé aux travaux d'extraction dans les Chalanches, produit 25 kil. de minerai par journée de travail; mais elle dit aussi que près de moitié de ces ouvriers mineurs étaient employés en travaux de recherches.

Bien que les explorations faites par M. Schreiber doivent profiter à l'exploitation du nouveau plan et diminuer les recherches, nous maintiendrons que moitié seulement des mineurs seront occupés à un travail producteur.

Évaluations. — Les travaux sont suspendus pendant deux mois de l'année, puis ceux qui s'exécutent dans les mines ne sont pas continus, nous ne comprendrons donc que dix mois de travail à 25 jours par mois.

Sur 80 ouvriers mineurs, il ne faut donc compter, pour le produit, que le travail de moitié ou 40, qui, pendant dix mois, en travaillant 25 jours par mois, auront fourni dix mille journées de travail.

Rendement en argent. — Appliquant la moyenne de 25 kilog. de minerai extrait par journée de mineur. on aura une extraction de 250,000 kilog.

Sans s'arrêter aux résultats dont les analyses donnent l'espérance, nous prendrons pour le rendement en argent une base qu'on peut regarder comme une certitude, c'est à savoir le *rendement moyen*, que M. Schreiber a obtenu pendant une longue exploitation, de 75 grammes par myriagrammes, ou 750 grammes par 100 kil. — ce qui donnerait un produit de 1,875 kilog.

Rendement en oxyde cobalt. — De ce produit déjà réduit nous ne tirerons cependant hors ligne que la moitié pour parer aux déceptions, soit donc, au lieu de 1,875 kilog. d'argent.   937 k. 50

Le cobalt se trouve partout dans les minerais des Chalanches, mais sous tant de formes et dans des proportions si différentes, qu'il est difficile de fixer une moyenne de rendement : nous l'avons dit, des hommes de science ont constaté 14, 12 et 9 p. cent. Mais faisant une large part à la différence que l'industrie rencontre assez souvent entre les produits promis, les analyses au laboratoire et les rendements à l'exploitation en grand, nous nous bornerons à attribuer aux minerais des Chalanches une teneur de 2 p. cent seulement en oxyde pur de cobalt, c'est-à-dire, pour 250,000 kilog. de minerais extraits, 5,000 kilog. d'oxyde de cobalt 5.000

Rendement en oxyde nickel. — Le nickel se rencontre dans ces minerais dans une proportion au moins double de celle du cobalt ; et, par les mêmes raisons que nous venons de déduire. nous réduisons aux plus modestes proportions le rendement de ce produit. en ne comptant en nickel qu'une quantité double de celle de l'oxyde de cobalt, ou 10.000

Rendement en arsenic et antimoine. — Nous consignerons encore, mais seulement *pour mémoire*, que ces *mêmes minerais* contiennent, dans une proportion notable, au moins 10 p. cent d'arsenic et d'antimoine, que l'ancienne exploitation, par le défaut des appareils de fusion. laissait entièrement perdre par évaporation, et qu'une exploitation mieux agencée ne manquerait pas de recueillir.

L'arsenic vaut dans le commerce de 40 à 50 fr. les cent kilog. et l'antimoine métallique ou régule 150 fr. et 200 fr. les 100 kilog.

Rendement en plomb de la mine du Grand-Clos. — En ce qui regarde le rendement en plomb des mines du Grand-Clos, nous nous bornerons à renvoyer nos lecteurs à ce que nous en avons dit plus haut. et nous ajouterons seulement qu'une exploitation tant soit peu régulière peut extraire 100,000 kilog. par année à un prix de revient de 16 fr. les cent kil. et de vente à 32 fr.

Rendement
général. Sur ces bases ainsi raisonnées le produit sera :

Argent, pour 937 k. 50 à 210 fr. le kil. . . . . 196,875 fr.

Oxyde de cobalt, pour 5,000 k. à 70 fr. le k. . . . 350,000

Nickel, pour 10,000 k. à 20 fr. le k. 200,000

Plomb, sur 100,000 k. à 16 fr. de bénéfice par 100 k. 16,000

Arsenic . . . . Mémoire.

Antimoine . . . . Mémoire.

Total . . . . 762,875 fr. 762,875 fr.

Extractions Nous avons supposé qu'on continuerait à faire exploiter par salaire à la journée, bien qu'une partie puisse être faite, par une direction plus habile, d'une manière plus économique, à prix fait de mètre d'avancement ; nous continuerons cependant notre appréciation de dépense d'après ce mode plus coûteux.

Une journée de mineur employée à l'extraction coûte :

Salaire . . . . 2 fr. 00 c.

Huile d'éclairage 22

Frais d'outils. 13

Boisage, un pilot par mineur . . . 75

Poudre 20

Total . . . . 3 fr. 30 c.

La journée de l'ouvrier employé à d'autres travaux que ceux d'extraction, coûte :

Salaire . . . . 2 fr. 00 c.

Huile 22

Outils. 13

Pilot 75

Total . . . . 3 fr. 10 c.

Des manœuvres descendent des mines à l'usine les minerais à prix fait de 1,50 les 100 kilos, il serait possible d'obtenir une économie

par un autre mode, et nous apprécions néanmoins encore ce qui sera ,
par ce qui est.

Traitement
des minerais. On estime que la préparation mécanique des minerais et la fusion
coûtent 12 fr. pour 100 kil.

Que le traitement des oxydes de cobalt et de nickel coûtent, pour
ceux de cobalt, 13 fr. le kilo, et pour ceux de nickel 2 fr.

Résumant la dépense pour la même production sur ces bases, cette
dépense sera :

10,000 journées de travail productif à 3 fr. 30 c. .	33,000 fr.
10,000 id. id. improductif à 3 fr. 10 c.	31,000
Transport à l'usine de 250,000 k. à 1 fr. 50 c. les 100 k.	3,750
Préparation mécanique, 250,000 k. à 12 fr. id. .	30,000
Id. de 5,000 k. oxyde de cobalt à 13 fr. le k.	65,000
Id. de 10,000 k. id. de nickel à 2 fr. id.	20,000
Total des frais d'extraction et de traitement .	182,750 fr.
Ajoutant à ces frais d'extraction 10 pour 100 de frais imprévus et frais généraux sur le produit brut . . .	76,287
On aurait une dépense totale de.	259,037 fr.

BALANCE.

La recette serait de	762,875 fr.
La dépense de	259,037
Le bénéfice serait donc	503,838 fr.

Et que sera-t-il , si on donne à l'entreprise tout le développement dont elle est
susceptible, si un nouveau champ d'exploitation justifie les prévisions de la
science ?

C'est là le domaine de l'espérance et de l'éventualité, mais nous nous sommes
promis de ne pas y entrer ; cependant nous devons faire observer que pour éviter
toute déception, nous avons réduit le chiffre de la recette, et conséquemment celui
du bénéfice, en ne donnant réellement que la moitié des prix courants du commerce
aux différents produits ci-dessus, et que de plus nous avons évalué les quantités à
leur minimum d'exploitation.

LEFEBVRE.